J. M. J. T.

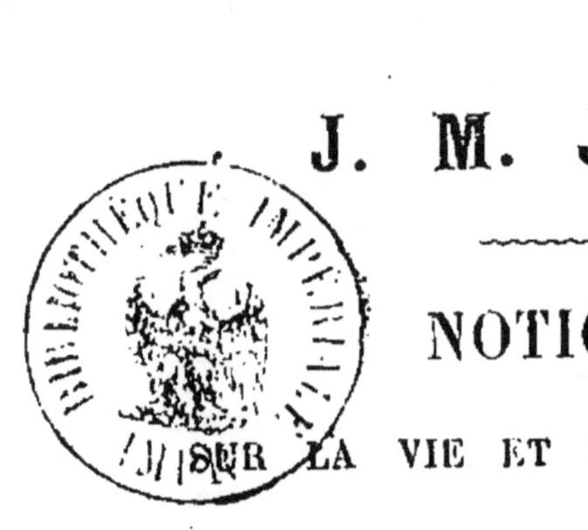

NOTICE

SUR LA VIE ET SUR LA MORT

DE

SŒUR MARIE DE St-RAPHAEL

RELIGIEUSE TIERÇAIRE DE N.-D. DU MONT-CARMEL

AU MANS

Anne-Marie Patry, née le 25 août 1830, de parents chrétiens, montra de bonne heure les plus heureuses dispositions pour la piété. Son bon père et son excellente mère, attentifs à éloigner de leurs enfants tout ce qui aurait pu altérer leur innocence, favorisaient toujours leurs exercices religieux, et les encourageaient surtout par leurs exemples. Anne-Marie, si saintement élevée, évita facilement les dangers du monde, qu'elle connut à peine; et son amour pour le silence et la retraite la préserva des funestes occasions que tant d'autres recherchent. Son amour pour Dieu croissant avec l'âge, elle conçut, dès sa plus tendre jeunesse, le désir de se consacrer entièrement au bon Dieu, en embrassant la vie religieuse de communauté. Mais sa santé, toujours mauvaise, ne lui

1

permit pas d'exécuter son généreux dessein ; elle dut donc se résigner à continuer, dans la maison paternelle, la vie édifiante qu'elle a toujours menée. Son excellent cœur ne tarda pas à subir les plus cruelles épreuves : la mort lui ravit successivement son père, sa mère, et une sœur à laquelle elle était intimement liée. Ces coups si multipliés la frappèrent bien vivement ; son isolement l'effrayait : « Que ferai-je, seule, au milieu du monde, privée des conseils paternels ? » répétait-elle souvent. Et chaque jour, au pied du saint autel, elle gémissait devant Dieu, lui exposant ses peines et le suppliant de ne pas l'abandonner. Enfin, au moment où cette pauvre âme paraissait le plus accablée, le bon Maître la consola d'une manière ineffable, en lui faisant connaître le précieux tiers-ordre de Notre-Dame du Mont-Carmel. Cette bonne nouvelle la transporta de la joie la plus vive. « Quoi, répétait-elle, pourrai-je donc enfin me consacrer au bon Dieu ! et devenir l'épouse de Jésus-Christ ? Mais je suis si indigne de cette faveur !... O mon Dieu ! faites que je sois toute à vous. » Cette nouvelle postulante reçut le saint habit le 17 octobre 1854, et se vit ainsi admise au noviciat du tiers-ordre de Notre-Dame du Mont-Carmel et de Sainte-Thérèse. Il n'est pas possible d'exprimer les transports de joie, d'amour et de reconnaissance, dont sœur Marie de Saint-Raphaël fut alors pénétrée. Depuis ce moment, elle s'appliqua plus spécialement encore à pratiquer les vertus chrétiennes et religieuses, honorant ainsi de tout son pouvoir le saint habit qu'elle avait le bonheur de porter, et qu'elle estimait plus que tous les trésors du monde. Cependant la cruelle maladie intérieure, dont elle portait le germe depuis plus de douze ans, faisait des progrès ; des fièvres assez fréquentes annoncèrent la gravité de son état. Le révérend Père supérieur, en étant instruit, jugea à propos de lui faire faire des vœux provisoires, valides en cas de mort, et il lui annonça cette bonne nouvelle, le 1er janvier, en l'avertissant de s'y préparer. En lisant la lettre du bon Père, cette chère sœur fut transportée d'une joie bien vive qui se répandit sur tous ses traits ; et elle ne fut nullement affligée d'une circonstance qui sonnait pour ainsi dire sa dernière heure. Une seule chose l'inquiétait : c'était la crainte de ne pouvoir se transporter au Mans. Mais la très-sainte Vierge Immaculée, et son bon patron saint Raphaël, qu'elle avait invoqués avec tant de confiance et de simplicité, lui obtinrent la grâce de supporter le voyage sans la moindre fatigue. Cette pieuse novice eut donc le bonheur de prononcer ses vœux, le 11 janvier 1855, dans la petite chapelle de la congrégation, en présence de plusieurs religieuses, aussi édifiées de sa candeur qu'affligées de sa maladie. Elle seule était gaie. « Quoi donc, disait-elle après la cérémonie, je vois tout le monde triste ! Est-ce qu'on ne devrait pas être gai aux noces ? Ah ! prenez donc part à mon bonheur ; réjouissez-vous tous avec moi, je suis si heureuse ! j'emporte mon saint époux (son christ), je ne le quitterai plus, oh ! que je suis heureuse !!! » Rentrée chez elle, notre nouvelle professe blanche (1) parut oublier entièrement la terre pour ne s'occuper que de Dieu et de l'éternité ; elle répétait souvent avec d'ineffables délices : « Mon bien-aimé est tout à moi et je suis toute à lui. » Elle observa

_____

(1) Le bon Père, pensant que sa santé pourrait se rétablir, ne lui avait pas donné le voile noir.

exactement les saintes règles tant que sa santé le lui permit, faisant même plus qu'on aurait pu croire ; car souvent, le matin, elle quittait son lit au milieu de la fièvre, afin d'assister à la sainte messe où elle devait s'asseoir à la table sainte pour se nourrir du pain des anges, objet de tous ses désirs, et qui faisait toute sa consolation. Le vendredi 2 mars, au sortir de la sainte messe, où elle eut le bonheur de communier, elle dit en rentrant dans sa chambre : « J'ai assisté aujourd'hui à la sainte messe pour la dernière fois, je ne pourrai plus aller à l'église, je me sens trop affaiblie.» Et, en effet, elle se coucha aussitôt, pour ne plus se relever. Depuis ce jour, malgré tout le soin qu'elle mettait à cacher les dons de Dieu, on vit briller en cette belle âme les plus sublimes vertus. Sa douceur, son humilité, sa charité, sa patience et sa modestie édifiaient tous ceux qui la visitaient. On lui demandait souvent si elle était bien ennuyée dans son lit. « Oh ! non, répondait-elle, puisque Dieu le veut ainsi, je me soumets entièrement à son adorable volonté ; mais je vous prie, demandez pour moi la patience, car, de moi-même, je ne puis qu'offenser Dieu.» Si elle craignait d'avoir déplu à quelqu'un, elle demandait aussitôt pardon, oubliant promptement elle-même ce qui lui avait fait de la peine. Elle gémissait souvent, pendant le carême, de ne pouvoir plus aller à l'église, mais elle se consolait en offrant à Dieu ses souffrances, à la place de ce qu'elle ne pouvait plus faire, et en s'entretenant avec son bien-aimé, au fond de son cœur. Son état s'aggravant tous les jours, le révérend père supérieur du tiers-ordre daigna la visiter après Pâques, et lui apporta le reste des ornements religieux. Cette si intéressante malade reçut donc, le 16 avril 1855, le voile

noir, l'anneau et la couronne, en renouvelant ses
vœux. Ces nouvelles faveurs lui firent beaucoup de
bien. La visite de son bon supérieur, surtout, la remplit
d'une grande consolation. Elle disait après son départ :
« Je n'ai plus rien à désirer ici-bas ; si Dieu daignait
m'appeler à lui maintenant, je serais bien heureuse ! »
Le 18 avril, au soir, on crut que son désir allait s'accomplir, on se hâta de lui administrer l'extrême-
onction, et le lendemain elle reçut le saint viatique ;
mais Dieu, qui voulait augmenter les biens spirituels
de l'ordre, et enrichir sa fille de nouveaux mérites,
prolongea ses jours, et daigna lui donner les grâces
nécessaires pour en faire le plus saint usage. Les deux
derniers mois de sa vie surtout ont été très-doulou-
reux ; au milieu des plus vives angoisses aucune plainte
ne sortait de sa bouche ; on entendait seulement ces
mots : « Mon Dieu, faites que je souffre pour votre
amour, avec toute la perfection dont je suis capable,
en union avec mon saint époux crucifié. » Tout son
bonheur était de contempler son bien-aimé sur la
croix, et de s'unir à lui dans l'adorable Eucharistie. Elle
recevait le saint viatique tous les quinze jours, avec
une piété et des transports d'amour vraiment ravis-
sants. Ses jours de communion étaient, pour elle, des
jours d'ineffables délices. Tout absorbée dans ses
célestes méditations, elle n'ouvrait la bouche que pour
exprimer sa joie. Souvent elle parlait du ciel, et alors
son regard s'enflammait et un doux sourire paraissait
sur ses lèvres. Du reste, dans toutes ses souffrances,
elle conserva toujours une aimable gaieté et un grand
calme. Elle offrait souvent au bon Dieu le sacrifice de
sa vie avec une grande générosité, désirant vivement
d'être unie d'une manière encore plus intime avec son

saint et si cher époux. Quand elle pouvait parler du tiers-ordre avec son amie, elle ne le faisait jamais qu'avec la plus profonde vénération ; et alors elle ne tarissait point sur sa reconnaissance envers son révérend Père supérieur, pour les grâces immenses qu'elle a reçues par son saint ministère. « Ah ! répétait-elle souvent, dites bien à notre bon Père que je m'en vais comblée d'une joie inexprimable. Je dois aux œuvres de son zèle d'envisager la mort avec tant de calme et de bonheur ! Si Dieu, dans son infinie miséricorde, daigne m'admettre en sa sainte présence, je prierai beaucoup pour notre bon père supérieur, pour notre mère, et pour toutes nos sœurs, suppliant Dieu de bénir tout l'ordre, et j'espère que tous s'efforceront de hâter mon bonheur par leurs bonnes prières.» Loin de s'ennuyer de la longueur de sa maladie, un mois écoulé ne lui paraissait pas plus long qu'un jour, et elle disait : « Dieu m'a accordé tant de faveurs ! ne dois-je pas par reconnaissance, m'estimer heureuse de souffrir avec mon époux crucifié? Je désire souffrir aussi longtemps qu'il lui plaira, en suppliant sa miséricorde de m'accorder la patience. » Si on la louait en sa présence, elle en était fort affligée, reconnaissant toujours que d'elle-même elle ne pouvait rien. Entendant, un jour, quelqu'un se tourmenter beaucoup des affaires de ce monde, elle dit, après, à son amie : « Que tout cela me paraît petit en présence de l'éternité ! ah ! ne vous en occupez pas, vous, et ne pensez qu'à votre *grande affaire!* » Quand ses pieds commencèrent à enfler, elle dit aux personnes qui la soignaient : «Regardez ces symptômes!.. ce sera bientôt fini, mais je ne m'en afflige pas.» Vous désirez donc la mort? lui dit-on. « Oh! non, reprit-elle, je ne désire que l'accomplissement de la volonté de Dieu. S'il lui plaît de me rendre la santé, j'y consens, pourvu qu'il me fasse travailler à sa gloire; mais craignant de l'offenser encore, j'aime mieux m'en aller au ciel, afin de louer, de bénir et d'aimer à jamais mon divin époux, sans aucune crainte d'en être séparée. » La veille de sa mort, elle parla encore du bonheur qu'elle éprouvait de mourir religieuse, et un sourire céleste se répandit sur ses lèvres en exprimant l'espoir de voir bientôt Jésus son bien-aimé, et Marie sa très-sainte mère. Le soir, après avoir reçu une dernière absolution, elle dit : «Je suis bien contente.» La nuit fut très-mauvaise; cette si chère malade souffrit toujours avec la même patience et la même soumission à la très-sainte volonté de Dieu; paraissant tout occupée des choses du ciel. Dans un moment de crise, vers onze heures, elle dit : « Je souffre beaucoup, je pourrai bien mourir demain matin. » Comme on s'efforçait de lui procurer quelque soulagement, elle disait : « Je n'aurai point tous ces rafraîchissements en purgatoire, à quoi bon tant ménager un misérable corps qui dans peu sera la pâture des vers! » Le lendemain matin, dès quatre heures, elle demanda qu'on lui lût les *Litanies des Agonisants*, qu'elle suivit, tenant elle-même son cierge allumé; puis elle répéta trois fois, avec effusion, les saints noms de *Jésus, Marie, Joseph*. Plus tard, apercevant l'émotion des personnes qui l'assistaient, elle dit : «Seigneur, je remets mon esprit entre vos mains avec joie.... Mon Dieu, faites-moi la grâce de souffrir jusqu'à la fin pour votre amour. » Vers huit heures, elle fit un acte de contrition et un acte de désir. Une autre fois, elle dit : «Mon Dieu, je vous donne mon cœur; Seigneur, recevez-moi dans votre infinie miséricorde. » Puis, baisant son crucifix : « Elle dit : « Mon Dieu, je vous aime de tout mon cœur, je veux que chacune de mes respirations répète que je vous aime. » Elle baisa aussi son cachet de profession et lut ses vœux. Enfin elle demanda de nouveau les prières des Agonisants, et elle s'endormit dans le Seigneur, avant que les oraisons ne fussent achevées, le mercredi 11 juillet 1855, à dix heures du matin. On la revêtit aussitôt de ses saints habits religieux, et elle demeura ainsi exposée pendant vingt-quatre heures sur son lit. Un grand concours se porta dans sa chambre ; chacun était dans l'admiration en la considérant ; plusieurs répétaient : C'est un ange, elle est déjà au ciel ! D'autres laissaient percer leur émotion, en versant d'abondantes larmes ; tous priaient longtemps. Son convoi fut aussi solennel que possible, vingt-cinq jeunes filles vêtues de blanc accompagnèrent cet ange de la terre jusqu'au tombeau, où elle repose environnée de l'affection et des regrets de tous...

Sœur MARIE-THÉRÈSE DE LA CROIX,

Novice-tierçaire de N.-D. du Mont-Carmel, au Mans.

J. M. J. T.

SOUVENIRS DE LA PROFESSION

DE

SŒUR MARIE-THÉRÈSE DE LA CROIX

RELIGIEUSE TIERÇAIRE DE N.-D. DU MONT-CARMEL

AU MANS

Décédée à Ste-Thérèse, le 16 mars 1858.

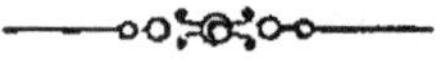

✝ Au nom du Père, et du Fils, et du Saint-Esprit. Ainsi soit-il.

Bénie, louée et adorée soit à jamais l'infinie miséricorde de mon sauveur Jésus.

J'avais conçu, dès ma plus tendre enfance, le désir de me consacrer à Dieu d'une manière spéciale ; n'ayant pas eu la facilité d'embrasser l'état religieux de communauté, je désespérais d'être associée ici-bas aux vierges consacrées. Quand tout à coup la très-sainte Vierge daigna inspirer à un saint prêtre l'excellente pensée de me faire connaître le précieux tiers-ordre de Notre-Dame-du-Mont-Carmel. A cette bonne

1

nouvelle, je sentis mon cœur pénétré de joie, de crainte et d'espérance. De joie, de ce que ce zélé prêtre (maintenant mon très-révérend Père supérieur) m'avait découvert un si précieux trésor; de crainte, en considérant mon indignité; et de confiance, en la miséricorde de mon Sauveur. Je n'espérai pas vainement, car, au bout de mon postulat, j'eus le bonheur de me voir revêtue, le 8 septembre 1854, du saint habit du tiers-ordre de Notre-Dame du Mont-Carmel ; et malgré mon indignité, je fus ainsi admise au noviciat de cette pieuse congrégation. Il ne m'est pas possible d'exprimer toute la joie et la paix que je goûtai alors, et qui se renouvellent chaque fois que je me rappelle mon bonheur. Mon cœur surabonde de reconnaissance et d'amour envers Jésus, mon bien-aimé, et envers Marie, ma sainte mère et ma tendre protectrice. Mais, que ne devrais-je pas faire pour exprimer à Dieu mon amour autrement que par des paroles ?... Je dois m'efforcer d'entrer dans l'esprit de l'ordre si saint auquel Jésus a daigné m'appeler. Tout, dans cette pieuse société, tend à allumer dans mon âme la plus grande ferveur. Les exemples de nos saints fondateurs, et ceux de nos chers associés vivants ; la majesté de nos saintes cérémonies ; les noms mêmes que je reçus le jour de ma prise d'habit, tout me rappelle la grandeur de mes obligations, et doit enflammer mon zèle. Mes noms de religion sont : Marie-Thérèse de la Croix, noms vénérables et précieux, qui me remplissent d'une grande consolation par les puissantes protections qu'ils m'assurent; et de plus, ils me rappellent de grandes obligations. Je dois, à l'exemple de Marie, mère de douleurs, ma reine et ma patronne, je dois accompagner Jésus, mon sauveur, dans le chemin du Calvaire; je dois sans cesse me tenir aux pieds de Jésus crucifié pour pleurer mes péchés, et afin d'implorer la divine miséricorde sur moi et sur tous les pauvres pécheurs. A l'exemple de sainte Thérèse, ma mère et ma patronne, je dois tout faire pour l'amour de mon céleste époux ; et n'avoir en vue que la gloire de Dieu et le salut des âmes. — Enfin, je dois toujours porter ma croix en acceptant, avec une pieuse soumission à la sainte volonté de Dieu, tous les maux et les chagrins que sa miséricorde m'enverra, et en m'offrant avec Jésus comme victime d'amour et d'expiation, m'appliquant à pratiquer moi-même quelque petite mortification avec une humilité bien sincère, ne perdant jamais de vue le sentiment de ma misère et de mon indignité.

Le 4 mai 1855, d'après l'avis de mon révérend Père supérieur, j'ai consacré à Marie, au pied de la croix, tous les exercices de toute ma vie, suppliant cette bonne mère de disposer de ma personne et de mes œuvres comme de son propre bien ; à la condition qu'elle daignera prendre de mon supérieur et de moi un soin tout particulier ; je supplie de plus en plus cette tendre mère de m'obtenir la grâce de faire des actions plus dignes d'elle, et de ne jamais rien faire qui ne puisse lui être offert, la conjurant de faire en sorte que j'accomplisse toujours bien les desseins miséricordieux de Jésus sur moi.

Le jour de ma sainte profession, si ardemment désiré, arrivait enfin. Afin de me préparer le mieux possible à faire une action si solennelle et si importante, je me rendis au Mans, le 1er septembre, pour commencer ma retraite, que j'eus le bonheur de faire chez les religieuses de la Providence, sous la direction de mon très-révérend Père supérieur, qui dans cette circonstance, comme toujours, me montra le plus vif intérêt ; mettant tout en œuvre pour me rendre moins indigne du bonheur qui m'attendait. Je n'oublierai jamais la tendre sollicitude avec laquelle ce bon père me prépara, et la part, si grande, que sa charité daigna prendre à mon bonheur. Je me rappellerai, toujours aussi, l'accueil si bienveillant et si cordial que je trouvai chez les bonnes religieuses qui me recueillirent. Notre-Seigneur daigna me découvrir, pendant ma précieuse retraite, la grandeur de mes misères, et l'étendue des pertes que j'ai faites en apportant à son service une si grande tiédeur et une si grande lâcheté !! Sa miséricorde m'inspira une ferme et sincère résolution de mieux faire désormais avec le secours de sa sainte grâce, et de m'appliquer spécialement à la pratique de l'humilité, de la douceur, de la charité, d'une grande abnégation de moi-même et de ma propre volonté ; pratiquant humblement et franchement la sainte obéissance religieuse, dans toute son étendue, autant qu'il me sera possible.

Plus le jour de ma sainte profession approchait, plus je me sentais heureuse. Ce jour s'avançait pour moi, si beau et si riche de délicieuses espérances !!! Je ne perdais pourtant pas de vue mon indignité ; mais, me confiant en la bonté de mon Sauveur, je me jetais avec une amoureuse et humble confiance aux pieds de mon fiancé céleste, le suppliant de me recevoir dans son infinie miséricorde, et de faire de moi et de tout ce qui est à moi, tout ce qu'il lui plaira ; ne me réservant rien, sacrifiant mon cœur et toutes ses affections, et ma volonté tout entière. Enfin, je suppliais son infinie bonté de recevoir comme préparation les bonnes résolutions que sa charité m'a inspirées, et mon grand désir de lui être agréable. Le jour si précieux où je devais faire ma sainte profession, parut enfin. Ce fut le dimanche 9 septembre 1855, jour où l'église célébrait solennellement la Nativité de la bienheureuse Vierge Marie. Ce matin-là, je me réveillai de bonne heure, et je saluai avec transport l'aurore d'un si beau jour!.. Tout concourait à réjouir mon cœur. Le son, si majestueux des cloches de la cathédrale, célébrant la naissance de Marie, mère de Dieu, semblait vouloir aussi solenniser ma fête et élevait mon âme au ciel. — Je me confessai le matin, et j'assistai à la sainte messe que mon très-bon père supérieur daigna célébrer pour moi. Au moment de la sainte communion, et pendant mon action de grâces, je me sentis plus heureuse qu'à l'ordinaire, et je m'entretenais avec mon bien-aimé avec plus d'affection. J'assistai à une seconde messe et aux vêpres dans la chapelle de la Providence. L'attente de la sublime union à laquelle je touchais me remplit, pendant toute cette journée, d'une joie inexprimable. Je priais avec plus de ferveur et mon cœur était embrasé et recueilli. Humblement prosternée tantôt aux pieds de Jésus, tantôt aux pieds de Marie, je sollicitais instamment toutes les grâces qui m'étaient si nécessaires pour consommer dignement mon sacrifice, et pour garder religieusement les saints vœux qu'il me tardait tant de prononcer.

Le moment solennel approchait enfin; je me rendis en silence, un peu avant sept heures du soir, dans l'oratoire de notre saint ordre, où s'accomplit ma noble et sublime alliance. Avant la cérémonie, j'eus le bonheur de faire amende honorable publiquement de mes fautes contre nos saintes règles, et des péchés de toute ma vie. Puis, ouvrant mon cœur à l'espérance et au plus tendre amour, je m'appliquai à profiter et à jouir des magnifiques cérémonies et des si touchantes prières de la sainte profession. Au commencement de la cérémonie, mon révérend Père supérieur daigna m'adresser une précieuse et éloquente exhortation, dont voici une courte et imparfaite analyse:

« Le voici donc enfin arrivé, ma bien chère enfant,

cet heureux jour, si désiré, et auquel vous vous pré-
parez depuis si longtemps! Jour le plus beau de votre
vie... Dans l'enfance, au moment de la première communion surtout, on sent bien le désir de se consacrer
au bon Dieu, mais c'est d'une manière plus générale.
Aujourd'hui, vous allez vous dévouer au service du
bon Maître, après avoir mûrement réfléchi sur les
obligations que vous contractez. C'est donc librement
et dans toute la sincérité de votre âme que vous
voulez mourir au monde et à vous-même, pour vous
consacrer à Jésus, et embrasser la croix de votre
divin époux. Ah ! s'il en est ainsi, chère enfant, ouvrez
votre cœur à la plus vive allégresse, car, je le dis de
nouveau, cette fête est la plus belle de votre vie. —
Les anges du ciel, surtout votre bon ange gardien,
sont accourus pour entendre vos vœux, et reporter,
au pied du trône du Dieu trois fois saint, toutes les
pensées de votre esprit et toutes les affections de votre
cœur. Pénétrez-vous donc bien, ma chère fille, de la
grandeur et de la sublimité de la démarche que vous
allez faire. — Dieu le Père possède déjà un souverain
domaine sur vous, comme créateur, vous allez lui en
donner un second en vous consacrant spécialement à
son service; vous allez le rendre maître absolu de
votre âme et de toutes ses puissances, de votre cœur
et de toutes ses affections. Déjà vous appartenez à
Jésus-Christ à titre de rédemption; ce bon Sauveur
vous a rachetée au prix de son sang adorable, qu'il
a versé au milieu des plus cruelles ignominies, dans
les plus affreux tourments!.. Vous êtes donc l'enfant
de ses douleurs et la conquête de son amour... Bien
plus, cet adorable Jésus a daigné, dans son infinie
miséricorde, vous appeler à une vocation sublime;
bientôt vous allez lui appartenir à titre d'épouse!
Apportez-lui donc un cœur bien généreux, qui ne dé-

sire que l'accomplissement de sa volonté sainte, qui ne soupire qu'après l'honneur de l'accompagner sur le Calvaire. Mettez-vous tout entière à la disposition de votre bien-aimé ; laissez-le agir librement sur tout votre être ; rendez-le maître absolu de tout ce qui vous appartient ; ne vous réservez rien, pas même le moindre acte de volonté propre. Que tout votre bonheur soit d'accomplir l'adorable volonté de votre divin époux. — Le Saint-Esprit va aussi prendre possession de votre cœur d'une manière toute spéciale. Ah ! conjurez cet Esprit d'amour d'embraser votre âme, de l'éclairer, de la fortifier, et de conserver votre corps pur et sans tache.

« Comprenez donc la grandeur de votre gloire, ma chère enfant, puisque par vos vœux vous allez vous élever au premier rang des plus sublimes hiérarchies célestes, et devenir le miroir le plus pur de la gloire et de la sainteté de Dieu. Au moment où vous allez les prononcer, ces vœux sacrés, si vous avez le bonheur d'y apporter les dispositions nécessaires, vous allez être régénérée de nouveau, et transformée en une nouvelle créature : votre âme va devenir aussi sainte qu'elle l'était après votre baptême. Voyez donc combien est excellente la faveur que Dieu vous destine ! Par vos vœux vous allez vous rapprocher de Dieu d'aussi près qu'il est possible à une pure créature d'en approcher ; parce qu'en donnant ce coup mortel à votre cœur et à votre volonté, votre cœur n'aimera plus que Jésus, et sa divine volonté deviendra votre unique nourriture... Oui, votre cœur doit en ce moment mourir, pour toujours, à toute affection humaine qui ne tendrait pas vers Dieu. Vous devez renoncer, en ce moment, et pour jamais, à votre propre volonté ; afin de suivre constamment la très-sainte volonté de votre divin époux. Les saintes résolutions

que vous formez aujourd'hui vous sembleront peut-
être difficiles à accomplir dans certaines circonstances.
Cette mort totale à vous-même, ce renoncement entier
à votre volonté propre, vous présenteront peut-être
quelquefois des épines qui vous sembleront dures et
amères; mais souvenez-vous, mon enfant, que la
grâce et l'amour divin adouciront tout. Ainsi, comprenez bien que la couronne d'épines et la croix de
Jésus vont devenir ici-bas les instruments indispen-
sables de votre propre perfection. Jésus ne marche
jamais sur la terre sans sa couronne et sa croix; une
épouse ne peut pas espérer un meilleur sort. Ainsi
donc, ma chère enfant, puisque vous voulez être l'é-
pouse de Jésus-Christ, vous devrez toujours, en toute
circonstance, renoncer à vous-même, porter votre
croix, suivre votre votre bien-aimé et l'accompagner
sur le Calvaire. Là vous devrez aimer comme lui, prier
comme lui, vous immoler avec lui. Vous devrez être,
chaque jour, entre les mains de Jésus et de Marie, un
instrument de miséricorde pour les pauvres pécheurs;
vous devrez aimer pour ceux qui n'aiment pas, prier
pour ceux qui ne prient pas, et vous mortifier pour
ceux qui ne font point pénitence... Voyez donc, après
cela, si vous persévérez dans la résolution de vous
donner toute à Dieu; voyez si vous voulez vous dévouer à la croix, et si vous êtes bien résolue d'embrasser et d'observer fidèlement les saintes règles du
tiers-ordre de Notre-Dame-du-Mont-Carmel et de sainte
Thérèse?.. »

Après ma réponse affirmative, que je répétai sincèrement dans le fond de mon cœur au moment que
ma bouche la prononçait, mon très-révérend Père
supérieur commença les *Litanies des Saints*, pendant
lesquelles je me tins humblement prosternée. Dans
ce précieux moment, je m'offris à Jésus, du fond de

mon âme, et je m'unis à lui comme une humble et sincère victime d'amour et d'expiation ; suppliant, de nouveau, son infinie miséricorde de me rendre digne de son divin cœur, en me faisant mourir entièrement au monde et à moi-même, pour que j'aie le bonheur de ne vivre désormais qu'en lui et pour lui. Et alors, je m'abandonnai entièrement et sans aucune réserve, à la conduite de mon divin époux, le suppliant de disposer, pour toujours, de moi et de tout ce qui est à moi selon son bon plaisir ; et je conjurai sa charité infinie de conserver à jamais dans mon cœur ces pieux sentiments que sa bonté immense a daigné y former. Puis, je priai ardemment pour tous les besoins de la sainte Eglise, selon les intentions de l'ordre, pour les besoin du tiers-ordre en particulier, pour mon révérend Père supérieur, pour mes parents vivants et défunts, et enfin pour tous ceux et celles pour lesquels je dois prier, ou qui se recommandent à mes prières.

Ensuite, après le *Veni Creator*, j'eus le bonheur de faire ma sainte profession. Je répétai trois fois la formule de mes vœux, afin de me consacrer d'une manière spéciale aux trois adorables personnes de la très-sainte Trinité. Dans cet instant si solennel et si précieux ! je dilatai mon cœur de toutes mes forces, m'offrant à Dieu le Père comme une enfant qui désire lui être toujours bien soumise et toute dévouée à son service ; à Dieu le Fils, comme une épouse qui, quoique très-indigne, désire lui être toujours bien fidèle, et s'immoler sans cesse avec lui ; à Dieu le Saint-Esprit, comme son temple vivant, qui veut travailler, chaque jour, à devenir moins indigne de cette faveur ineffable. Je prononçai aussi mon vœu d'obéissance, avec toute la ferveur de mon âme, étant bien résolue de pratiquer toujours cette sainte vertu dans toute son étendue, autant qu'il me sera possible. Enfin je conjurai intérieurement le Dieu tout-puissant et si bon de m'unir à lui d'une manière indissoluble, et d'opérer abondamment dans mon âme les effets d'une action si sublime et si sainte ! Puis je collai mes lèvres sur les pieds de mon divin époux, que mon très-révérend Père supérieur me présenta à baiser, et qu'il plaça ensuite sur ma poitrine. En recevant ce précieux trésor, je ressentis une joie indicible qui se renouvelle chaque fois que je me rappelle mon bonheur. De même, en recevant le voile noir, l'anneau et la couronne, mon âme était remplie de la plus vive allégresse. Puis, joyeuse et fière de posséder ces ornements religieux, je répétai, avec un saint enthousiasme : « J'ai méprisé le règne du monde et tous les ornements du siècle pour l'amour de Notre Seigneur Jésus-Christ, que j'ai vu, que j'ai aimé, en qui j'ai mis ma confiance, que j'ai chéri. » Oh oui ! je méprise bien sincèrement le règne du monde et tous les ornements du siècle, que je veux fouler aux pieds. Je garderai dans mes vêtements une grande simplicité, afin d'être plus conforme à mon très-cher époux, et pour avoir le bonheur de lui offrir davantage. Je ne saurais rendre les douces émotions que j'éprouvai en renonçant généreusement à toutes les vanités du siècle, et il m'est impossible d'exprimer tous les sentiments de joie, de paix et de bonheur, qui remplirent mon âme pendant cette sainte cérémonie. Quoique je comprisse mon indignité, je me jetai avec une amoureuse confiance, dans les bras de mon très-cher époux, sans éprouver la moindre crainte. Oh ! que Jésus se montre bon et généreux envers moi !!! Quels ne doivent pas être mon amour et ma reconnaissance pour tant de bienfaits? Enfin la cérémonie s'acheva, beaucoup trop tôt pour moi, car j'aurais voulu qu'il eût été possible de la prolonger bien davantage, tant j'étais heureuse en portant mes insignes religieux; mais il fallut pourtant les quitter; et je regagnai ensuite ma chambre, chez les bonnes religieuses de la Providence. Là, j'épanchai librement mon âme aux pieds de Marie, ma bonne mère, à la tendre protection de laquelle je dois tant de faveurs! Je remerciai aussi saint Joseph, ma bonne mère et patronne sainte Thérèse, mon bon ange gardien, saint Jean-Baptiste et tous les saints et saintes de notre ordre, que j'avais suppliés d'assister à ma sainte profession, afin de me protéger et de prier pour moi... Je fis ensuite mes prières, et je savourai lentement les saintes délices qui inondaient mon âme. J'étais donc enfin religieuse!.. consacrée épouse de Jésus-Christ !.. Je ne pouvais croire à tant de bonheur. Je me couchai vers dix heures, riche et joyeuse ; j'avais l'image de mon céleste époux sur mon cœur, et ma main droite était ornée du magnifique anneau de la divine alliance ! Le lendemain matin, mon bon supérieur célébra une messe d'action de grâces, à laquelle j'assistai. Puis, il fallut me disposer à partir, ce qui me serra le cœur ; parce qu'aux pieds de mon très-charitable supérieur j'avais recueilli de grands avantages spirituels, pendant les précieux jours de ma trop courte retraite. Je m'éloignai aussi, à regret, de ma chère solitude de la rue St-Vincent, où j'ai passé les neuf plus beaux jours de ma vie. Enfin, il fallut me soumettre à la volonté divine qui me rappelait au milieu du monde; mais je m'en allai riche et comblée d'immenses faveurs. Puissé-je conserver pieusement ces trésors inappréciables. Afin d'obtenir cette grâce, voici les résolutions que j'ai formées, sous l'inspiration du Saint-Esprit, pendant ma retraite, avec l'approbation de mon révérend Père supérieur.

1 Chaque dimanche j'emploierai un quart d'heure à me rappeler les grâces que j'aurai reçues pendant la semaine précédente, et à examiner le profit que j'en aurai retiré; afin de m'humilier de mes infidélités et de m'appliquer à mieux faire à l'avenir.

2. Chaque jour, je me jetterai entre les bras de Marie, ma tendre mère, la suppliant de disposer de moi, et de tout ce qui est à moi selon son bon plaisir, et conjurant sa bonté maternelle d'avoir pitié de ma misère, et de prendre toujours soin de moi.

3. Je m'appliquerai franchement et sincèrement à la pratique de la sainte obéissance, vertu que je n'ai pas su apprécier jusqu'à ce moment. Afin de réparer mes pertes, je ne ferai rien désormais sans consulter mon révérend Père supérieur. Je recevrai avec une humble docilité et une vive reconnaissance ses charitables observations, ses sages avis, et même ses refus de permission, parce que je veux mourir totalement à moi-même, et renoncer entièrement à ma propre volonté, pour ne suivre que celle de Dieu. Je ferai même l'abandon de ma volonté, pour me soumettre à celle de ma domestique, chaque fois que ce sera prudent.

4. Avec la permission de mon très-révérend Père supérieur, je pratiquerai, dans tout ce qui me regarde personnellement, une prudente pauvreté, pour avoir le bonheur d'offrir davantage à Jésus et à Marie.

5. Une religieuse tierçaire doit être, au milieu du monde, un modèle de douceur, de patience, d'affabilité, de bénignité, de simplicité, de tendresse et de

charité envers tous ; elle doit supporter et excuser les défauts de son prochain avec une grande charité, excusant toujours l'intention ; en un mot, elle doit répandre partout la bonne odeur de Jésus-Christ. Je dois donc m'appliquer, avec ardeur et persévérance, à acquérir toutes ces vertus.

6. S'il arrivait que quelqu'un me fît de la peine, je promets de dissimuler l'offense, de ne point en parler, ni m'en souvenir, me rappelant toujours cette devise : *Je dois souffrir de tous, et ne faire souffrir personne;* et ne manquant jamais, dans l'occasion, de rendre service à ceux qui seraient contre moi.

7. Je promets de m'appliquer à cacher ma vie en celle de Jésus, et tout mon mérite sera l'union à mon Jésus.

8. Quand des pensées d'orgueil ou de vaine gloire viendront m'assaillir, je m'humilierai en moi-même, reconnaissant mon néant et ma misère ; si elles continuent, je baiserai la terre ou je ferai un acte de contrition prosternée ; et puis je m'appliquerai à acquérir la sainte vertu d'humilité, en supportant avec patience, et s'il se peut avec joie, tout ce que les autres pourront dire ou faire pour m'humilier.

9. Je m'appliquerai à conserver le recueillement intérieur, autant qu'il me sera possible. Quand je verrai mon esprit se distraire, et mon imagination courir de tous côtés, je les ramènerai doucement, leur adressant ce reproche : Que faites-vous donc?... Vous quittez Jésus, mon bien-aimé, le tout de mon âme pour courir après des bagatelles!!! Puis, j'adresserai à mon saint époux quelques apirations d'amour et de reconnaissance.

10. Quand je ressentirai quelque impatience, je

m'humilierai dans le sentiment de ma misère et de ma faiblesse, et j'implorerai le secours de Jésus et de Marie.

11. Enfin je me rappellerai souvent avec délices une pensée bien précieuse, que Jésus me suggéra, après la sainte communion, le jour où j'eus le bonheur de faire mes vœux. Quand je sentis mon bien-aimé au dedans de moi-même, je le suppliai de se placer au milieu de mon cœur, de s'y regarder comme chez lui, d'y exercer l'empire le plus absolu, me remettant toute entière à sa disposition ; puis je conjurai sa bonté infinie de rendre mon pauvre cœur bien digne de lui ; de daigner fixer sa demeure dans ce pauvre sanctuaire, et de s'y reposer ; désirant vivement consoler et dédommager son divin cœur des outrages qu'il reçoit chaque jour, et de l'oubli où je l'ai laissé moi-même, et où le laissent continuellement tant d'impies et d'ingrats.

12. Ah ! puissé-je conserver toujours Jésus au milieu de mon cœur ! Il me semble maintenant que j'aurai ce bonheur ; car pour tout au monde je ne voudrais pas lui déplaire ; mais ma faiblesse et mon inconstance me font trembler. O très-sainte Vierge, ma patronne, ma reine et ma bonne protectrice ; sainte Thérèse, ma mère et ma patronne, mon bon ange gardien, saint Joseph, saint Jean-Baptiste, et tous les saints et saintes de notre ordre, que j'ai pris pour protecteurs dans ma retraite, daignez me protéger toujours, et obtenez-moi la sainte persévérance. Afin d'obtenir cette faveur, je réciterai chaque jour le *Memorare*, et la strophe : *O crux, ave, spes unica ;* pour invoquer la puissante protection de la très-sainte Vierge Immaculée, et pour me mettre sous les aus-

pices de la sainte Croix, que je désire porter et honorer tous les jours de ma vie.

Ayant été prévenue de tous les dons de la grâce, et étant enrichie d'immenses trésors spirituels par ma sainte profession, en un mot étant devenue réellement l'épouse de Jésus-Christ, je ne devrais plus vivre désormais qu'en Dieu et pour Dieu. C'est là mon unique désir ; et cependant que de péchés et d'imperfections j'ai encore à me reprocher !! Que de fautes, peut-être plus nombreuses encore, je n'aperçois pas, à cause de mon amour-propre et de mon peu de lumières... Je conjure donc instamment mon très-révérend Père supérieur d'avoir la charité de m'avertir de mes fautes et de mes imperfections ; je le supplie de me reprendre toujours, à temps et à contre-temps, en particulier et en public ; ne craignant jamais de trop m'humilier ; et je promets devant Dieu, dans toute la sincérité de mon âme, à mon très-bon Père supérieur, de recevoir ses paternels avis et ses corrections avec humilité, docilité et reconnaissance. Me rappelant toujours que je lui ai confié le soin de mon salut et tous les intérêts de mon âme, aussitôt que j'ai eu le bonheur d'être sous sa précieuse direction. Et si jamais le moindre murmure s'élevait au dedans de moi, je m'en humilierais promptement à ses pieds, lui faisant connaître, avec simplicité et sans détour, tout ce que j'aurais ressenti intérieurement, et suppliant sa paternelle charité de m'en punir sur-le-champ.

Puissé-je, en accomplissant fidèlement ces résolutions que la grâce divine m'a inspirées, glorifier Dieu mon père, réjouir le divin cœur de mon très-cher époux, en accomplissant son adorable volonté et en vivant comme doit vivre une épouse de Jésus-Christ ;

et obtenir la grâce de marcher un jour à la suite de Marie, ma bonne et tendre mère, en la compagnie des vierges chrétiennes, et en chantant les louanges du divin agneau, mon céleste époux. C'est l'objet de mes désirs les plus ardents, et, avec le secours de mon bien-aimé, ce sera l'objet de tous mes efforts.

O mon Dieu, daignez bénir les saintes résolutions que votre miséricorde a daigné m'inspirer; rendez-les constantes et efficaces, et faites qu'en y restant fidèle, je n'aie en vue que l'accomplisement de votre adorable volonté. Daignez, ô mon divin époux, récompenser mes faibles efforts, en m'accordant la grâce d'accepter et de supporter, avec une entière résignation, pour votre gloire et votre saint amour, à l'exemple de notre glorieux et révéré père Saint-Jean de la Croix, toutes les tribulations, les souffrances et les humiliations, que votre paternelle bonté me réserve. Ainsi soit-il,

Le 9 septembre 1855.

Sr M.-T. de la Croix.

E. T. C. ind.

Le Mans. — Imprimerie Monnoyer. — Juin 1859.